STEFANO PAPARI

PRESENTAZIONE DIGITALE VINCENTE

Tutti i Trucchi e le Strategie

per Rendere la Tua Presentazione Digitale

Efficace al 100%

Titolo

"PRESENTAZIONE DIGITALE VINCENTE"

Autore

Stefano Papari

Editore

Bruno Editore

Sito internet

http://www.brunoeditore.it

 Le strategie riportate in questo libro sono frutto di anni di studi e specializzazioni, quindi non è garantito il raggiungimento dei medesimi risultati di crescita personale o professionale. Il lettore si assume piena responsabilità delle proprie scelte, consapevole dei rischi connessi a qualsiasi forma di esercizio. Il libro ha esclusivamente scopo formativo.

Sommario

Introduzione

Al giorno d'oggi le presentazioni digitali sono uno strumento molto diffuso. Che sia per una tesi di laurea, per un compito di scuola, per un lavoro in azienda o in ufficio o per presentare un prodotto a un potenziale cliente, sempre più spesso si fa ricorso a questo strumento, tanto importante e potente quanto, nella maggior parte dei casi, sconosciuto.

Una buona presentazione aiuta noi relatori a illustrare con chiarezza i concetti che vogliamo esprimere ai nostri uditori; purtroppo, però, molto spesso capita il contrario: creiamo una presentazione poco chiara che confonde gli uditori e che fa sì che il nostro messaggio venga frainteso, mal interpretato o che non rimanga impresso.

Gli errori più comuni riguardano tutti i campi: c'è chi scrive intere frasi, spesso in caratteri molto piccoli e font improbabili, per poi leggerle durante la presentazione; c'è chi usa le immagini a fini coreografici e non in modo funzionale. Infine, c'è chi sembra abbia studiato apposta un sistema di colori per rendere il tutto illeggibile e incomprensibile.

Il problema è che spesso chi costruisce una presentazione è impreparato sui segreti che rendono efficace questo strumento, e si focalizza più sulla presentazione in sé e per sé, che non sull'unica cosa veramente importante: trasmettere il messaggio. Questo errore di focalizzazione fa sì che, per fare una "bella" presentazione, si inseriscono molti elementi coreografici che, se da una parte rendono la presentazione bella, dall'altra distraggono il pubblico dai concetti che si vogliono trasmettere. Quello a cui bisogna prestare attenzione, invece, per realizzare una presentazione digitale vincente è, appunto, come trasmettere il messaggio al nostro pubblico.

Per fare questo serve un metodo, serve avere ben chiari i segreti in che questo corso verranno spiegati con chiarezza e semplicità. La presentazione digitale deve essere una guida per il pubblico, quindi è bene che sia essenziale, senza aggiungere parole inutili che tanto poi diremo durante la presentazione. Deve essere immediata e per questo bisogna ricorrere alle immagini (nel modo giusto, non tanto per abbellire il lavoro). Infine, deve essere, ovviamente, chiara e completa. In una parola, deve essere una presentazione vincente!

Questo corso ti svelerà, passo dopo passo, i segreti che devi attuare per non cadere in questi errori e per rendere la tua presentazione più efficace da un punto di vista comunicativo. Attraverso alcuni concetti, esempi pratici ed esercizi, vedrai che apprendere questi segreti risulterà facile e divertente.

Non mi resta che augurarti buona lettura e buon lavoro!

CAPITOLO 1:
Come progettare la presentazione

La prima cosa da fare per rendere vincente la nostra presentazione digitale è prendere carta e penna. Ti chiederai: «Ma come? La presentazione è *digitale*, e iniziamo a lavorare con carta e penna?» Ebbene sì, per prima cosa dobbiamo organizzare un progetto di ciò che riporteremo poi sul computer. Ovviamente non ti sto consigliando di disegnare tutta la presentazione nei dettagli, ma è importante delineare il discorso che terremo di fronte al nostro pubblico, quindi progettare, a grandi linee, il percorso che seguirà la presentazione sulla falsariga del nostro discorso.

Anzitutto dobbiamo avere ben chiaro l'obiettivo della nostra presentazione e annotarlo, così da averlo bene in mente e sempre a portata di mano. Questo è importante perché, quando andremo a stendere la presentazione digitale vera e propria (approfondiremo bene questo tema nei capitoli successivi), ogni singolo elemento che inseriremo dovrà essere finalizzato a un solo scopo:

trasmettere un concetto al pubblico. Inoltre, bisogna considerare che la presentazione digitale non può parlare da sola: siamo noi relatori che dobbiamo avere l'attenzione del pubblico. La presentazione deve solo accompagnarci, ecco perché è fondamentale che tu per primo abbia ben chiaro il messaggio da trasmettere. Come pensi che andrebbero le cose se avessi un file meraviglioso da proiettare, senza che però tu abbia bene in mente cosa dire? La risposta è una: le cose andrebbero male, se non peggio!

Quindi, è importante avere chiaro il messaggio da trasmettere all'uditore. Considera che non si tratta sempre di un concetto scontato. Pensa a un lavoro di gruppo: se ogni membro svolge una parte del lavoro, il relatore non avrà necessariamente chiaro il messaggio che deve trasmettere al proprio pubblico, poiché potrebbe aver approfondito solo una parte del lavoro e non altre, perdendo il senso complessivo di ciò che deve presentare.

Invece, se stiamo discutendo la nostra tesi di laurea, è ovvio che siamo padroni al cento per cento dei concetti da presentare, perché siamo noi stessi gli autori della tesi. Altro esempio: se dobbiamo presentare il nostro lavoro, svolto individualmente, al capoufficio, sappiamo benissimo di cosa stiamo parlando, perché siamo noi ad aver svolto il lavoro.

SEGRETO n. 1: per creare una presentazione vincente bisogna prima progettarla e avere sempre chiaro il messaggio da trasmettere al pubblico.

Un fattore di cui tenere conto in fase di progettazione è che non si può spiegare *tutto* il lavoro fino al più piccolo dettaglio; tra l'altro, non è nemmeno il nostro obiettivo perché dobbiamo presentarlo, non spiegarlo e approfondirlo. Questo è un passaggio chiave, perché altrimenti si rischia, come si usa dire, di perdersi nei dettagli.

Dobbiamo essere bravi a tirar fuori un discorso breve, che si possa illustrare in 15-30 minuti (tanto dura, di solito, una presentazione), **essenziale**, che esponga solo ciò che è importante. Tieni presente che anche il più attento degli uditori non potrà ricordare molte cose; si tratta di un limite fisiologico del nostro cervello.

Quindi dobbiamo focalizzarlo sui concetti importanti, senza approfondire dettagli che, ai fini della presentazione, risulterebbero inutili. Se, ad esempio, devo presentare le principali strategie belliche degli antichi romani, non mi dilungherò nei dettagli del funzionamento di ogni singola macchina da guerra che utilizzavano, ma mi limiterò a dire che avevano delle macchine da guerra micidiali, alcune più adatte all'assedio di città e avamposti, altre più utili nelle battaglie in campo aperto.

Ciò non vuol dire che dobbiamo omettere i dettagli importanti, perché è fondamentale che il messaggio sia **completo**, oltre che essenziale, in quanto non dobbiamo tralasciare nessuna parte del nostro lavoro. Tornando all'esempio precedente delle strategie di guerra dei romani, saremmo dei pazzi se omettessimo di dire che l'esercito della Città Eterna disponeva di armi e macchinari tecnologicamente all'avanguardia, o che i legionari ricevevano un addestramento molto duro. È vero che sono dettagli, ma sono quelli che fanno la differenza: se li omettessimo, verrebbe meno il principio di essenzialità.

Com'è facile intuire, tutto il discorso deve essere esposto con la massima **chiarezza**. Abbiamo detto che abbiamo un tempo limitato a disposizione, e che il pubblico è in grado di recepire solo poche informazioni: rendere il messaggio complesso significa costringere il pubblico a impegnarsi per il riordino delle informazioni, togliendogli quindi risorse sull'apprendimento del messaggio. In qualità di relatori, il nostro compito è quello di rendere semplici e chiari (cioè facilmente assimilabili) i concetti che stiamo esponendo. Più siamo bravi a semplificare i vari concetti e a renderli facilmente memorizzabili, maggiore sarà l'efficacia della nostra comunicazione e, come effetto collaterale positivo, avremo che potrà memorizzare qualche concetto in più.

Ecco perché è importante lavorare *a priori* sul messaggio, e progettare la nostra presentazione rispettando gli elementi fondamentali che la renderanno vincente: essenzialità, completezza e chiarezza.

SEGRETO n. 2: una presentazione vincente deve avere un messaggio esposto in modo essenziale, completo e chiaro; per far ciò è utile lavorare *a priori* sul messaggio.

Una volta elaborato il messaggio in maniera essenziale, completa e chiara, arriva il momento di pianificare il percorso che seguirai durante la presentazione. Anche questa affermazione può sembrare banale, ma spesso non lo è: supponiamo che tu debba spiegare, a un'aula di studenti di biologia, la cellula. Questa è composta da tre elementi fondamentali che sono la membrana esterna, il citoplasma all'interno e il nucleo al centro. Ognuno di questi elementi presenta delle caratteristiche e delle funzioni ben precise.

Secondo te, per trasmettere in maniera efficace questo messaggio, è più utile presentare a grandi linee tutte le strutture che compongono la cellula per poi andare ad approfondirle, o è meglio approfondire in verticale il primo elemento, per poi passare al secondo e infine il terzo? Come vedi la scelta non è così banale: potresti immaginare che per lo studente sia più facile apprendere i vari dettagli di ogni singolo elemento solo dopo aver imparato il quadro generale; oppure potresti ritenere più opportuno esaminare un elemento alla volta, così da non fargli disperdere il focus. Come già sottolineato in precedenza, molto dipende dal messaggio.

Una cosa è certa, le informazioni da illustrare al pubblico devono essere organizzate, ordinate. Ecco perché il tuo discorso deve andare avanti passo dopo passo. Bisogna fornire all'uditore una forma schematica dell'argomento, così che possa trovarne facilmente i *pilastri fondamentali.* Strutturare il discorso in pilastri lo rende essenziale, poiché questa sequenza è l'ossatura di tutto il nostro lavoro. Inoltre lo rende completo, in quanto il lavoro di organizzazione ci obbliga a inserire nel progetto tutti i pilastri: inserire tutti questi elementi in forma sintetica significa, appunto, rendere il discorso completo ed essenziale.

L'organizzazione del discorso in pilastri è anche una forma di verifica: se i pilastri toccano tutti gli argomenti, la presentazione sarà completa. Infine, la suddivisione in pilastri, facilitando al pubblico la comprensione (di questo parleremo meglio in seguito), diventa un espediente che contribuisce a dare chiarezza.

Come puoi capire, il gioco dei pilastri è di fondamentale importanza per una presentazione vincente, e per due motivi. In primo luogo comunicare questa scaletta al pubblico lo aiuterà a organizzarsi meglio le idee, quindi ad apprendere. In secondo luogo, progettare una scaletta aiuterà anche te a riportare sul computer la tua presentazione: sai esattamente passo dopo passo tutto il tuo percorso, non puoi sbagliare. È una vera e propria mappa.

Come vedremo nel prossimo capitolo, questa scaletta sarà importante per la stesura di una slide all'inizio della presentazione digitale, in quanto ne diventerà l'indice. Attenzione! La scaletta diventerà l'indice della presentazione, non del tuo lavoro (qualora prevedesse un indice). Mi spiego meglio. Se stai presentando un libro (che avrà il suo indice) i pilastri della tua presentazione non coincideranno necessariamente con i capitoli dell'indice del libro. Se parliamo di una tesi di laurea, è già più probabile che i due indici coincidano, ma solo perché di solito le tesi sono composte da pochi capitoli. Se stai presentando una relazione, magari ti appoggerai al suo indice, senza però riportarlo in maniera esatta, ma accorpando i capitoli riguardanti le parti che compongono il pilastro del lavoro.

Tutti questi, ovviamente, sono solo degli esempi che non vanno presi alla lettera, ma servono per farti capire il concetto che la scaletta degli argomenti del lavoro da presentare è importante, e che va stesa prima di iniziare la creazione della presentazione. Inoltre i pilastri di questa scaletta andranno a comporre l'indice della presentazione.

SEGRETO n. 3: è importante crearsi una scaletta degli argomenti del lavoro prima di iniziare la creazione della presentazione; questa scaletta poi diventerà l'indice.

Molto bene. Ora che hai preparato la tua bella scaletta, chiara, essenziale e completa, è arrivato il momento di "riempire" con i contenuti questa ossatura del lavoro. Abbiamo detto che un elemento fondamentale per una presentazione vincente è l'essenzialità. E in questo ci aiuta la scaletta-indice. Un altro punto che abbiamo detto essere fondamentale per una presentazione vincente è la completezza; ed è proprio a questo scopo che, in questa fase di progettazione, andiamo a riempire la nostra scaletta con i contenuti. Riempire la scaletta di contenuti non significa riscrivere la tesi, la relazione, o quant'altro vogliamo presentare; soprattutto in fase di progettazione bisogna annotare solo i punti-chiave.

Rifacciamoci all'esempio della lezione agli studenti di biologia. Abbiamo detto che i pilastri sono: la membrana, il citoplasma, il nucleo. Ora dobbiamo riempire di contenuti questi tre pilastri; siamo in fase di progettazione, quindi andiamo a vedere **cosa** inserire. Per quanto riguarda la membrana, dovremo parlare della sua struttura, delle sue funzioni, delle sue interazioni con l'ambiente esterno e con l'ambiente interno. Del citoplasma dovremo illustrare la composizione, quali sono gli organuli presenti al suo interno, a cosa servono e come funzionano ciascuno di essi. Infine, parlando del nucleo, dovremo dire com'è fatto, a cosa serve, come funziona. Questi sono i punti-chiave, cioè i dettagli che fanno la differenza; gli altri elementi sono superflui, andrebbero solo ad appesantire la presentazione, a togliere concentrazione ed energie al nostro pubblico, senza dargli nulla che possa essergli utile.

Anche questa faccenda dei punti-chiave da esprimere nella presentazione sarà affrontata meglio nei capitoli seguenti. Per ora ci limitiamo a dire che dobbiamo riempire la scaletta con i concetti importanti per ogni pilastro del discorso.

SEGRETO n. 4: dopo aver creato la scaletta bisogna riempire di contenuti i suoi punti importanti con i concetti fondamentali del discorso.

L'ultimo elemento fondamentale che deve avere una presentazione, per essere vincente, è la chiarezza. Questo è il punto dove spesso si cade, dove spesso si sbaglia, soprattutto, come vedremo nei prossimi capitoli, nella fase di stesura della presentazione.

La mancanza di chiarezza in fase di progettazione si manifesta soprattutto nel voler inserire tutti i dettagli del lavoro che dobbiamo presentare, dettagli non necessariamente utili per una maggiore comprensione. Molte volte abbiamo il timore di portare una presentazione povera e scarna, troppo spartana, magari nemmeno curata, che tralascia tante cose e si mostra "austera". Abbiamo la sensazione di una presentazione improvvisata.

La realtà dei fatti è che, come già detto in precedenza, stiamo presentando il lavoro che abbiamo fatto, quindi nessuno si aspetta troppi dettagli. Quando mi sono specializzato all'università, la discussione della mia tesi è durata circa 15 minuti. Il mio lavoro era di un centinaio di pagine. Com'è possibile esporre in modo chiaro ogni singolo dettaglio espresso in cento pagine in soli 15 minuti? Com'è possibile che i docenti capiscano il significato di ogni singolo dettaglio? È impossibile! Ecco perché ho optato per inserire, nella mia presentazione, solo le informazioni essenziali.

Qualora un docente fosse stato interessato a maggiori dettagli, poteva sfogliare il testo della mia tesi e andare a vedere ciò che cercava. È chiaro che se mi avesse fatto delle domande su dei dettagli che non avevo inserito nella presentazione avrei saputo rispondere: ero io l'autore della tesi, sapevo bene di cosa stavo parlando. Mai mi sarei sognato, però, di inserire ogni singolo dettaglio nella presentazione.

Ricordi quando andavi a scuola, che la mattina stavi in viaggio, magari in autobus, e non avevi studiato bene per l'interrogazione? Speravi di incontrare il tuo amico che sapeva tutto per chiedergli di spiegarti in poco tempo tutto quanto potesse servirti per superare al meglio l'interrogazione. Ti faceva piacere se si perdeva in dettagli? No! Non ti interessava che si perdesse in dettagli, volevi solo il minimo indispensabile per prendere la sufficienza.

Ecco, la presentazione ha lo stesso scopo: non fornire tutti i dettagli, ma solo ciò che serve. Tutto il resto distrae. Quindi, non avere paura di portare una presentazione che appaia troppo scarna perché tralascia dei dettagli: quei dettagli sono ciò che renderebbero il tuo discorso poco chiaro e dispersivo, perché l'uditore è in grado di apprendere solo poche informazioni con il tempo che si ha a disposizione. Piuttosto poniti delle domande su come snellire una presentazione molto ricca di dettagli: è la sintesi il segreto della chiarezza.

SEGRETO n. 5: la paura di un lavoro troppo scarno ci fa riempire la presentazione di dettagli che distraggono, rendendola dispersiva e poco chiara: il segreto della chiarezza è la sintesi.

Esercizi

- *Prendi un testo che vuoi presentare o su cui vuoi esercitarti e scegli un capitolo (puoi anche usare questo stesso corso, come se volessi presentarlo). Scrivi una frase che sintetizzi tutti i concetti espressi in questo capitolo. Questa frase sarà il messaggio da trasmettere.*
- *Suddividi lo stesso testo del primo esercizio in sequenze, e dà un titolo a ogni sequenza. Ognuna di queste sequenze sarà un pilastro. Infine, trova per ciascuna sequenza gli elementi importanti che andranno a riempire l'ossatura.*

RIEPILOGO DEL CAPITOLO 1:

- SEGRETO n. 1: Per creare una presentazione vincente bisogna prima progettarla e avere sempre chiaro il messaggio da trasmettere al pubblico.
- SEGRETO n. 2: Una presentazione vincente deve avere un messaggio esposto in modo essenziale, completo e chiaro; per far ciò è utile lavorare *a priori* sul messaggio.
- SEGRETO n. 3: È importante crearsi una scaletta degli argomenti del lavoro prima di iniziare la creazione della presentazione; questa scaletta poi diventerà l'indice.
- SEGRETO n. 4: Dopo aver creato la scaletta bisogna riempire di contenuti i suoi punti importanti con i concetti fondamentali del discorso.
- SEGRETO n. 5: La paura di un lavoro troppo scarno ci fa riempire la presentazione di dettagli che distraggono, rendendola dispersiva e poco chiara: il segreto della chiarezza è la sintesi.

CAPITOLO 2:
Come introdurre la presentazione

Le prime diapositive della presentazione sono molto importanti, un po' come lo sono la copertina di un libro, i titoli della prima pagina di un quotidiano, la sigla di un film o di un programma tv. Sono le prime diapositive della tua presentazione digitale a far focalizzare il pubblico sull'argomento. Per fare questo, gli elementi da inserire nelle diapositive iniziali sono il titolo, l'indice e, se il lavoro lo prevede, il quesito a cui si vuole rispondere.

SEGRETO n. 6: le prime diapositive – il titolo, l'indice e l'eventuale quesito – fanno focalizzare il pubblico sull'argomento della presentazione.

Iniziare la presentazione con una diapositiva-titolo ben fatta è molto importante, non solo perché la prima diapositiva è un po' il nostro biglietto da visita, ma anche perché possiede un'elevata valenza comunicativa. Attraverso questa slide, comunichiamo al pubblico qual è il terreno del gioco, il punto di partenza, nonché la direzione verso cui ci stiamo muovendo. Il tutto con una sola slide. Come si dice: chi ben comincia è a metà dell'opera!

Il titolo del lavoro deve essere esplicativo e non deve necessariamente coincidere con il lavoro che stiamo presentando. Supponiamo, ad esempio, che si tratti del Canto VI dell'*Inferno* di Dante. Il titolo della presentazione potrebbe essere banalmente: "Canto VI – Inferno – Dante Alighieri". Quante informazioni dà questo titolo? Pochissime! Leggendolo si capisce solo di quale opera letteraria si sta parlando, e di quale specifica parte di essa (in questo caso il Canto VI dell'*Inferno*) e chi ne è l'autore. Non sto dicendo che queste informazioni non siano importanti, ma probabilmente non sono **le più** importanti.

Di sicuro con un titolo diverso possiamo dare molte più informazioni riguardo l'argomento che stiamo trattando. Ti faccio un esempio: se questa fosse la presentazione di una lezione di letteratura e l'argomento del semestre fosse *La Divina Commedia* di Dante Alighieri, le informazioni che dà il titolo appena descritto sarebbero ovvie, e pertanto superflue.

Immaginiamo ora di dare un altro titolo alla nostra presentazione: "Il destino di Firenze secondo il goloso Ciacco". C'è molta differenza tra il primo e il secondo esempio: questo è molto più esplicativo. Se il primo titolo dice solo qual è il particolare canto dell'opera che si andrà a commentare, dal secondo possiamo raccogliere molte più informazioni: sappiamo che si parla di Ciacco, sappiamo che questo personaggio è uno dei golosi, sappiamo che l'argomento dominante sarà quanto egli avrà da dire riguardo il destino di Firenze. L'uditore sarà quindi molto più informato e senza che l'oratore abbia ancora detto una parola!

In più, vengono in aiuto alcune conoscenze pregresse che si presume che l'uditore possieda: è necessario dire esplicitamente che stiamo parlando dell'*Inferno*? La cultura generale ci insegna che la gola è uno dei peccati capitali e, poiché il personaggio trattato è goloso, è facile intuire che giaccia all'inferno. Nell'esempio, poi, si parla del destino di Firenze; non c'è bisogno di spiegare che Dante Alighieri è fiorentino e impegnato politicamente, perché queste sono tutte informazioni implicite, già note. Il pubblico può capire da sé che questo Canto tratta un tema che sta molto a cuore all'autore.

Attenzione! Non devi dare però per scontato che queste informazioni siano tutte note. Può benissimo accadere che il pubblico non sia così perspicace. Ma stiamo parlando del titolo; pensa a un titolo che presenti in maniera esplicita tutti i concetti che abbiamo omesso: "L'interpretazione del destino di Firenze, città natale di Dante, impegnato politicamente, da parte del goloso Ciacco, condannato a giacere all'inferno per il peccato di gola". Diventerebbe un titolo pesante.

Come detto in precedenza, il segreto della chiarezza è la sintesi, e questo è uno dei casi in cui è bene omettere quei dettagli poco utili ai fini della presentazione. Casomai potremo richiamare questi elementi a voce durante la presentazione, magari mentre viene proiettato il titolo. Questi elementi impliciti non vanno scritti, ma comunicati a voce per completare ciò che manca nella diapositiva. Se andiamo ad analizzare la prima diapositiva in sé e per sé, basandoci solo sul titolo (scritto in maniera esplicativa) e sulle conoscenze pregresse, già trasmettiamo molti messaggi all'uditore, che quindi si focalizzerà sull'argomento della nostra presentazione.

Torniamo all'esempio della tesi di laurea, il cui titolo di solito è già esplicativo: in questo caso, nella nostra prima diapositiva copieremo esattamente il titolo del nostro lavoro.

Passiamo ora agli altri elementi da inserire in questa slide. Sono certo che sarai d'accordo con me nel dire che il titolo della presentazione è sicuramente l'elemento più importante della diapositiva; ce ne sono però altri altrettanto importanti: la data, la nostra firma, la firma di eventuali collaboratori, il logo dell'azienda o dell'università in cui stiamo lavorando, il logo di eventuali sponsor che partecipano al progetto. Tutti questi elementi sono doverosi e importanti, ma devono avere la giusta rilevanza, cioè uno spazio e soprattutto una vistosità adeguati.

Il logo dell'azienda o dell'università non può certo avere una visibilità inferiore a quello degli sponsor, né la vostra firma può avere un carattere più appariscente di quello del titolo, né dovrà essere scritta più in grande. È un po' come sui quotidiani: il titolo di prima pagina è scritto molto in grande, a volte anche a colori, mentre l'occhiello e il sottotitolo sono scritti in un carattere più in piccolo. Le notizie minori, anche se in prima pagina, sono scritte più in piccolo e difficilmente a colori. Questo per farti capire che questa prima diapositiva deve innanzi tutto enfatizzare il titolo. Se gli ulteriori elementi che devono essere inseriti vanno a distrarre l'uditore, allora c'è qualcosa che non va.

Ad esempio, se il titolo è scritto in carattere *Arial*, dimensione 24, e la tua firma è scritta con un carattere divertente, dimensione 18, e magari anche con un colore più vivace, è evidente che c'è una sproporzione, perché la tua firma diventerà più appariscente del titolo, e la cosa non va bene.

Infine, è bene che gli elementi salienti del titolo siano presenti solo in questa diapositiva. Evita di inserirli nelle diapositive successive. Ad esempio, inserire in tutte le diapositive il logo dell'azienda, o la data, significa usare, nelle slide successive alla prima, elementi che non hanno alcun legame con il loro contenuto. Quindi, se non sei obbligato a inserire questi elementi in tutte le diapositive, è meglio evitare.

SEGRETO n. 7: gli elementi salienti del titolo, cioè il logo dell'azienda/università per cui svolgi il lavoro, le firme e la

data, vanno inseriti *solo* nel titolo; evita di inserirli nelle diapositive successive.

Può capitare di avere la tentazione di inserire, subito dopo il titolo, una dedica, oppure dei ringraziamenti particolari. Questi elementi, per quanto nobili, purtroppo portano il pubblico a distrarsi, a spostare il proprio focus, e la cosa non va bene.

Poiché abbiamo fatto un ottimo lavoro focalizzando il pubblico, spostare ora l'attenzione su qualcosa che non c'entra niente, per quanto onorevoli e nobili siano i ringraziamenti e le dediche, è ovviamente deleterio. Quando mi sono laureato ho voluto dedicare la mia tesi a un'amica tragicamente scomparsa in un incidente stradale. Non ho inserito la dedica all'inizio, subito dopo il titolo, ma alla fine, senza nemmeno dare troppa importanza alla cosa. Molto semplicemente, dopo aver discusso tutta la tesi, ho proiettato una diapositiva dove la salutavo. Mai mi sarei sognato di inserire una dedica subito dopo il titolo.

Stesso discorso vale per i ringraziamenti. La mia tesi di laurea specialistica è stata molto complessa, piena di dati che non avrei mai ottenuto senza l'aiuto di alcuni colleghi di lavoro e amici. Nella mia presentazione, ho specificamente ringraziato queste persone, ma sempre alla fine del lavoro. Quindi, poiché dedica e ringraziamenti diventano elementi che distraggono, mettili alla fine, a meno che tu non possa fare altrimenti.

SEGRETO n. 8: la dedica e i ringraziamenti sono elementi che distraggono, quindi è bene metterli alla fine, a meno che non si possa fare altrimenti.

Un'ulteriore azione utile per focalizzare ulteriormente l'attenzione del pubblico, subito dopo il titolo, è dichiarare l'obiettivo del lavoro. Il pubblico è stato focalizzato sull'argomento dal titolo; ora lo focalizziamo su dove vogliamo portarlo. Per esempio: dobbiamo presentare una relazione sull'andamento del bilancio e, dal nostro lavoro, emerge che gli investimenti dell'azienda si ottimizzano formando maggiormente i dipendenti nel settore della comunicazione con i potenziali clienti. Comunicare fin dall'inizio ai tuoi uditori quale sarà la conclusione del tuo percorso significa rendere loro più facile la sua previsione, e quindi la comprensione.

Se devi andare da Roma a Milano, riesci a immaginare le possibili strade da percorrere, le possibili tappe, senza che ti vengano menzionate. Non credo che passeresti per Napoli o Catanzaro, ma probabilmente ti aspetti di passare per Firenze e Bologna. Se invece sai che devi partire da Roma, ma non sai dove devi andare, non riuscirai mai a immaginare le strade da percorrere, quindi non ti aspetti niente.

Ecco, il nostro cervello funziona allo stesso modo: conoscendo il punto di partenza (che abbiamo spiegato nel titolo) e il punto di arrivo (che spieghiamo in questa diapositiva che mostra l'obiettivo del nostro discorso) il pubblico inizierà, senza nemmeno accorgersene, a creare tutte le possibili ipotesi. Pertanto, dichiarare subito l'obiettivo della presentazione facilita al pubblico la comprensione.

SEGRETO n. 9: dichiarare subito l'obiettivo della presentazione facilita al pubblico la comprensione, perché in questo modo può intuire il percorso del lavoro.

Bene, abbiamo focalizzato il nostro pubblico sul terreno di gioco, sull'obiettivo del lavoro. Ora dobbiamo completare la fase di preparazione con un ultimo elemento molto importante: l'**indice**. Nessuno pensa mai ai vantaggi che ne conseguono, ma conoscere fin dall'inizio il percorso che verrà affrontato durante la presentazione è basilare. Questo perché l'indice è un elemento fondamentale per guidare l'uditore.

Illustrando l'indice tutto il lavoro di focalizzazione è completo: sappiamo bene il punto di partenza, sappiamo bene il punto di arrivo e, attraverso l'indice, sappiamo bene anche come arrivarci. Il gioco è fatto! Basta questo per dare al pubblico un'idea molto chiara di cosa andremo a trattare e di come lo tratteremo.

Torniamo all'esempio del viaggio da Roma a Milano e supponiamo di doverlo affrontare con degli amici, ognuno con la propria automobile. Avere ben chiaro l'itinerario ti aiuterà durante il percorso, con tutte le tappe necessarie. Se avete deciso di fare una prima tappa a Firenze, anche se qualcuno si perde durante il tragitto, resterà tranquillo perché ci si incontrerà nuovamente alla tappa stabilita. L'indice ha lo stesso scopo: facilitare l'uditore a seguire il discorso e a riprenderlo qualora lo dovesse perdere.

SEGRETO n. 10: attraverso l'indice il pubblico apprenderà tappa dopo tappa tutto il percorso che affronterai presentando il tuo lavoro.

Come già sottolineato in precedenza, l'indice, come tutta la presentazione, deve essere essenziale, completo e chiaro. Esempio: stiamo presentando una monografia, il cui sommario è strutturato in parti, ciascuna suddivisa in capitoli, a loro volta suddivisi in paragrafi. L'indice si presenterà su tre livelli. Pensi che rappresentare **tutto** l'indice in ogni suo dettaglio, con i suoi tre livelli, sia focalizzante? Ovviamente no! Spesso le monografie hanno un sommario di due o tre pagine! Sarà di sicuro più chiaro inserire nella presentazione solo le parti in cui è divisa tutta l'opera. Non è necessario, al fine di capire il percorso, inserire tutti i sottolivelli.

Tieni sempre presente che il cervello cognitivo cosciente è in grado di elaborare circa 7 informazioni alla volta, dopodiché va in tilt. Non ha senso inserire più di 4-5 elementi, perché altrimenti si arriverebbe al limite fisiologico di comprensione (o addirittura si supererebbe!), per cui il pubblico non sarà più in grado di seguirti né di memorizzare quanto stai spiegando. Meglio quindi dare poche informazioni esaurienti, piuttosto che tutte le informazioni, senza che poi, però, non rimanga impresso nulla.

Per esempio, ecco un buon indice su una monografia riguardante un artista:

- vita;
- contesto storico;
- contesto culturale e filosofico;
- opere importanti.

Come puoi vedere è semplice, facile da capire e da ricordare. Immagina se fosse composto da 15 punti, ognuno dei quali con i relativi sottopunti! Sarebbe impossibile anche per il più attento degli uditori riuscire a navigarci tranquillo.

Inoltre, non vedo come riusciresti a inserire tutte quelle informazioni in un'unica diapositiva. Già, una sola diapositiva, perché un sommario in più diapositive diventa molto dispersivo. L'uditore deve avere tutto il percorso davanti, tutto insieme. Questo sempre per mantenere il focus.

C'è un altro punto importante che riguarda l'indice: non bisogna considerarlo solo una delle diapositive iniziali, ma è bene ripresentarlo durante la presentazione ogni volta che abbiamo finito di sviluppare un punto e iniziamo a svilupparne un altro, così da guidare passo dopo passo l'uditore.

SEGRETO n. 11: l'indice deve essere riproposto più volte nel corso della presentazione, in modo da guidare *passo dopo passo* l'uditore.

Nella riproposizione dell'indice, la grafica è importante: i simboli da utilizzare per i punti, i colori, le dimensioni del carattere sono tutti elementi che possono dare un tocco in più alla comprensione. I punti sviluppati andrebbero scritti più in piccolo, con un colore meno evidente e preceduti da un simbolo diverso. Viceversa, il punto che stiamo per sviluppare dovrà essere scritto più grande, magari in grassetto, con un colore evidente e con un simbolo tutto suo. I punti successivi, sempre in piccolo e con un colore meno evidente, con lo stesso simbolo utilizzato nel primo indice. Vediamo un esempio.

- ✓ Vita
- ✓ Contesto storico
- ➢ **Contesto culturale e filosofico**
- ✓ Opere importanti

In questo esempio, si comunica in maniera molto efficace a che punto del discorso ci troviamo, di cosa ci siamo già occupati e di cosa stiamo per occuparci. Sono sicuro che anche tu, come colpo d'occhio, hai una sensazione di chiarezza in termini di percorso. Mettiamoci nei panni del pubblico. Stiamo seguendo un discorso, di cui già sappiamo quali punti si andranno a trattare. Se, a un certo punto di quel discorso, ci viene presentata l'immagine dell'indice, con le varianti presentate in questo semplice esempio, ci risulterà molto chiaro di cosa si è parlato, di cos'altro bisogna ancora parlare e quale argomento si sta per affrontare.

È un modo molto semplice per condurre il pubblico a fare un riepilogo della situazione, a rielaborare quanto detto fino a quel momento. Ovviamente, in qualità di oratori sarebbe ottimo se facessimo un riepilogo a voce della situazione, mentre riproponiamo l'indice: «Bene, abbiamo visto la vita dell'artista in questione e abbiamo esaminato i momenti importanti che l'hanno condizionato nella sua carriera artistica. Abbiamo poi visto il contesto storico in cui è vissuto, i problemi sociali dei suoi tempi e come questi problemi hanno influenzato il suo ambiente. Ora andiamo a vedere il contesto culturale e filosofico in cui si è trovato a operare, per poi concludere analizzando le opere più importanti».

Questo è un esempio molto semplice e banale, ma ti fa capire quanto sia importante riproporre l'indice durante la presentazione, e quanto la componente grafica faccia la sua parte.

Esercizi

- *Prendi un testo che vuoi presentare o su cui vuoi esercitarti e scegli un capitolo (puoi anche usare questo stesso corso, come se volessi presentarlo). Sulla base di questo testo costruisci una slide-titolo dove inserirai il titolo del tuo lavoro (che non deve necessariamente coincidere con il titolo del testo) la tua firma, la firma dell'autore e il logo della casa editrice. Verifica, proiettandola, che nella slide ogni elemento abbia il suo spazio e la sua rilevanza.*
- *Prendi un testo esplicativo (un articolo di giornale, un saggio, ma non un testo narrativo, in quanto non ha obiettivo). Costruisci una diapositiva dove dichiari l'obiettivo dell'autore del testo.*
- *Prendi un testo che vuoi presentare o su cui vuoi esercitarti e scegli un capitolo (meglio se prendi un testo con un indice lungo e complesso). Analizzane l'indice e riscrivine uno sintetico in 3-5 punti. Dai a ciascuno di questi punti un titolo che racchiuda tutti i concetti.*

RIEPILOGO DEL CAPITOLO 2:

- SEGRETO n. 6: Le prime diapositive – il titolo, l'indice e l'eventuale quesito – fanno focalizzare il pubblico sull'argomento della presentazione.
- SEGRETO n. 7: Gli elementi salienti del titolo, cioè il logo dell'azienda/università per cui svolgi il lavoro, le firme e la data, vanno inseriti *solo* nel titolo; evita di inserirli nelle diapositive successive.
- SEGRETO n. 8: La dedica e i ringraziamenti sono elementi che distraggono, quindi è bene metterli alla fine, a meno che non si possa fare altrimenti.
- SEGRETO n. 9: Dichiarare subito l'obiettivo della presentazione facilita al pubblico la comprensione, perché in questo modo può intuire il percorso del lavoro.
- SEGRETO n. 10: Attraverso l'indice il pubblico apprenderà tappa dopo tappa tutto il percorso che affronterai presentando il tuo lavoro.
- SEGRETO n. 11: L'indice deve essere riproposto più volte nel corso della presentazione, in modo da guidare *passo dopo passo* l'uditore.

CAPITOLO 3:
Come affrontare il corpo del discorso

Ora che il nostro pubblico è ben focalizzato e indirizzato, passiamo ad analizzare come devono essere le diapositive centrali, cioè quelle che riguardano il corpo del discorso. Nel corpo della presentazione bisogna inserire, per ogni punto dell'indice, alcune diapositive, in media dalle 3 alle 5, per ogni concetto. Ma questa è solo un'indicazione di massima poiché tutto dipende dal tipo di diapositiva, dall'importanza e dalla complessità dell'argomento ecc. Ci sono dei casi limite dove addirittura potrebbe esserci un'unica diapositiva per spiegare il "capitolo" in questione!

Torniamo all'esempio dell'insegnante di biologia che deve spiegare com'è fatta la cellula. Una strategia efficace potrebbe essere creare una diapositiva unica con il disegno della cellula, magari dove appaiono, uno dopo l'altro, gli elementi che la compongono. Dovendo spiegare la membrana, il citoplasma e il nucleo, potrei disegnare un'unica diapositiva vuota all'inizio. A un primo "click" appare la membrana, e spiego come è fatta, a cosa serve, quali sono le sue caratteristiche ecc. Una volta terminato. inizio a parlare del citoplasma, e sullo schermo si aggiunge questo elemento. E così via fino ad aver esaurito l'argomento, per poi passare a quello successivo.

Ma la cosa importante, ovviamente, non è il numero di diapositive necessarie per spiegare ogni concetto. La stessa cellula potrei spiegarla utilizzando più diapositive per la membrana, altre diapositive per il citoplasma ecc. Ciò che conta è seguire sempre i principi di essenzialità, completezza e chiarezza. Per fare questo è importante giocare correttamente con gli elementi che abbiamo a disposizione: testi, immagini, animazioni e video. Analizziamo questi elementi uno alla volta.

Partiamo dai testi. Tante volte ho visto presentazioni dove le diapositive altro non erano che un unico testo, molto lungo, scritto quindi in piccolo e, tra l'altro, con colori improbabili. In tutto questo, il relatore si limitava a leggere quello che c'era scritto sullo schermo. Pensi che questa sia una presentazione vincente?

Ovviamente no! Cosa aggiunge la presentazione a quanto dice il relatore? Nulla! Ecco perché non è vincente. Allora come utilizzare i testi nella nostra presentazione? Il consiglio che do sempre è di utilizzare il minor numero possibile di parole per spiegare i concetti; risulta molto più utile limitarsi a scrivere solo alcune parole-chiave, i cui concetti assoceremo al nostro discorso.

Riprendiamo l'esempio delle strategie di guerra nell'antica Roma. Uno dei capitoli dell'indice potrebbe essere "I fattori che hanno fatto la fortuna dell'esercito romano". Abbiamo deciso di utilizzare il testo per spiegare i concetti, quindi dobbiamo inserire le parole-chiave importanti; qualunque altra parola sarebbe di distrazione. In questa situazione la diapositiva potrebbe essere un semplice elenco puntato che elenca gli elementi importanti. Per esempio le armi che hanno fatto la differenza, l'addestramento delle truppe e lo studio cui si sottoponevano i generali:

I fattori che hanno fatto la fortuna dell'esercito romano:

- armi avanzate;
- addestramento;
- studio strategico.

Questo elenco potrebbe essere un esempio di diapositiva; molto meglio di una diapositiva interamente ricoperta di un testo. Deve essere la nostra voce a completare l'elenco.

Ci sono poi delle situazioni più articolate del semplice elenco, in cui talvolta i concetti sono più complessi, con legami di causa-effetto, legami temporali, nessi logici ecc. In queste situazioni più complesse non basta un semplice elenco puntato per spiegare il concetto, ma alle parole-chiave bisognerà aggiungere dei simboli, che si riveleranno molto utili. Nei rapporti causa-effetto utilizzeremo, com'è intuitivo, una parola-chiave per la causa e una per l'effetto, unite insieme, ad esempio, da una freccia, che mettiamo a rappresentare questo tipo di relazione.

CAUSA → EFFETTO

Stesso discorso vale per qualsiasi tipo di legame. L'importante è che i simboli utilizzati cambino da un tipo di legame a un altro: se, come nell'esempio precedente, abbiamo utilizzato una freccia per indicare il rapporto causa-effetto, non potremo usare la stessa freccia per un rapporto temporale, ma dovremo trovare un altro simbolo, magari comunque una freccia, ma con una forma diversa.

PRIMA ⇨ DOPO

Riassumendo, perché una presentazione sia vincente non si devono scrivere testi lunghi, ma solo le parole-chiave, così da permettere all'uditore di fissare un concetto e associarlo a questa parola, utilizzando dei simboli per i collegamenti.

SEGRETO n. 12: in una presentazione vincente si scrivono solo le parole-chiave, così da fissare nell'uditore un concetto e associarlo alla parola, utilizzando dei simboli per i collegamenti.

Passiamo ora a un altro elemento, il più importante di tutti: le immagini. In una presentazione vincente le immagini sono il fulcro per guidare il discorso. Devono essere ben visibili, intuitive e devono essere associate a un concetto, così come le parole-chiave. Parleremo quindi di immagini-chiave. Puoi stare certo che l'inserimento di immagini coreografiche non ha nessun senso, anzi, contribuirebbe soltanto a generare confusione e distrazione.

SEGRETO n. 13: le immagini sono il fulcro della presentazione; devono essere ben visibili, intuitive e associate a un concetto: immagini-chiave come le parole-chiave.

Perché utilizzare le immagini e non le parole per spiegare i concetti? Il motivo è molto semplice: la maggior parte delle informazioni che acquisiamo arrivano attraverso il canale visivo; inoltre, la memoria è principalmente visiva. Pertanto le immagini sono più facili da ricordare, rimangono maggiormente impresse nella mente e di conseguenza è più facile associarle a concetti. Inoltre ci sono alcune immagini che evocano concetti già noti.

Ti racconto un altro episodio legato alla mia tesi di laurea specialistica. Subito dopo il titolo, ho inserito la diapositiva in cui spiegavo quale fosse il quesito a cui intendevo rispondere, vale a dire quale fosse, tra le due tecniche più comunemente utilizzate nel servizio della pallavolo, quella più efficace. Tutti gli altri tesisti hanno optato per una diapositiva scritta in questa forma:

«Scopo di questo lavoro è dimostrare che...» Io invece ho fatto qualcosa di diverso: ho preso due fotografie che ritraevano il giocatore mentre eseguiva il servizio con l'una e con l'altra tecnica e le posizionai su un disegno di una bilancia, una su un piatto e una sull'altro. Al centro della bilancia ho scritto un grande punto interrogativo rosso.

Il concetto è stato espresso in maniera molto efficace, in quanto un'immagine del genere risulta molto più chiara di mille parole: in un solo attimo ho passato alla commissione lo stesso messaggio che tutti gli altri tesisti hanno trasmesso utilizzando in molto più tempo, e questo grazie all'utilizzo di un'immagine dal significato noto: tutti sanno che la bilancia rappresenta un confronto, tutti sanno che il punto interrogativo rappresenta una domanda e, dopo la mia spiegazione nel titolo, tutti sanno cosa significano le due immagini nei piatti. Non solo, ho anche fornito a chi non dovesse essere molto pratico della pallavolo un esempio visivo dell'argomento di cui stavamo parlando.

Infine, questa stessa immagine l'ho riproposta nelle conclusioni: avendo dimostrato che una delle due tecniche risulta più efficace dell'altra, nella diapositiva delle conclusioni mi è bastato disegnare la medesima bilancia che però pendeva dalla parte della tecnica migliore.

Nessuno degli altri tesisti ha avuto questi vantaggi, perché tutti hanno scelto una diapositiva di testo che si sono limitati a leggere, senza quindi aggiungere nulla. Io invece portavo avanti il mio discorso e, dato che la diapositiva era già esplicativa di suo, non c'è stato bisogno che dicessi esplicitamente qual era lo scopo del mio lavoro. Raccontavo piuttosto di come, parlando con allenatori di alto livello, analizzando competizioni importanti, fosse nato quel dubbio e del perché fosse così essenziale risolverlo. In questo modo ho utilizzato lo stesso tempo prezioso per dare molte più informazioni rispetto a quanto hanno fatto gli altri, senza andare a intaccare la chiarezza dell'esposizione, né la capacità di concentrazione della commissione, perché ho utilizzato un canale più facile per trasmettere il messaggio.

Ecco un concetto importante. Abbiamo detto in precedenza che bisogna essere essenziali, per cui è bene ridurre i dettagli; di contro bisogna essere completi, il che significa che è importante dare tutte le informazioni essenziali, attraverso una sintesi. Se si utilizza un canale di comunicazione più diretto, imprimere nella mente del pubblico un concetto diventa più facile e pertanto ci si può permettere di aggiungere qualche dettaglio in più che, com'è stato nel mio caso, può fare la differenza tra una tesi da 110 e una da 110 e lode! Chiaramente le informazioni importanti le ho trasmesse attraverso l'immagine, canale più diretto, mentre la parte meno importante l'ho detta a voce.

Questo è solo un esempio per farti capire quanto siano da preferire le immagini rispetto alle parole. Ti faccio un altro esempio. Immagina di parlare del concetto di potenza in fisica: la potenza è composta dalle componenti lavoro e velocità; la medesima potenza può derivare da un piccolo lavoro ad alta velocità come da un grande lavoro a bassa velocità. Per comunicare questo concetto io inserirei nella slide due immagini, un'automobile sportiva e un trattore agricolo, e spiegherei che entrambi i mezzi hanno la medesima potenza, ma la prima è molto leggera e va a gran velocità (lavoro basso, velocità elevata), mentre il secondo è pesantissimo e va molto lento (lavoro elevato, bassa velocità).

Potrei inserire due parole-chiave, come "basso lavoro e alta velocità" e "alto lavoro e bassa velocità", ma queste parole purtroppo rimarrebbero anonime (e, nel caso specifico, anche facilmente confondibili) e, per quanto io come oratore possa essere abile nell'associarvi dei concetti, raggiungerei più facilmente il mio obiettivo inserendo due immagini-chiave. Infatti, all'immagine dell'automobile sportiva tutti associano la velocità, così come a quella della macchina agricola tutti associano il lavoro. Il tutto in maniera del tutto naturale, automatica.

Come abbiamo detto, se utilizzi un canale automatico per imprimere un concetto, lasci la porta aperta ad altri canali, per cui puoi passare un maggior numero di informazioni con la stessa efficacia.

È importante sottolineare che, una volta scelta un'immagine-chiave associata a un concetto, si dovrà ripetere sempre la *stessa* immagine ogni volta che si richiama quel concetto e non un'altra, anche se ha lo stesso soggetto.

Ad esempio, se abbiamo scelto come immagine-chiave l'automobile sportiva, per quel concetto dovrò utilizzare sempre la stessa immagine e della stessa automobile. Se mettessi un'altra foto della stessa auto, o di un'altra auto o, peggio ancora, un'immagine che non ha nulla a che fare (per esempio una moto), non otterrei una comunicazione efficace.

SEGRETO n. 14: per richiamare più volte un concetto associato a un'immagine-chiave, si deve ripresentare sempre la *stessa* immagine, mai una simile o addirittura completamente diversa.

Ma che caratteristiche devono avere le immagini? È abbastanza intuitivo che le immagini non sono tutte uguali e che le loro peculiarità possono fare la differenza. Le caratteristiche più importanti sono i **colori**, le **dimensioni**, e la **comprensibilità**. Andiamo ad analizzare ciascuno di questi elementi.

In una presentazione, i colori di ogni immagine sono un elemento molto più importante di quanto si possa credere. Anzitutto possono fare la differenza tra un'immagine ben visibile e una poco visibile: tieni presente che, purtroppo, non sempre le condizioni di luminosità dell'aula consentono di rendere tutto ben chiaro, per cui è bene che le immagini siano nitide, con colori accesi e soprattutto in contrasto con lo sfondo.

Sull'argomento sfondo è utile aprire una piccola parentesi: lo sfondo migliore è quello bianco, senza alcuna immagine. Ho visto fin troppe volte, ahimè, presentazioni con uno sfondo il cui solo scopo è quello di abbellire, con l'unica conseguenza di rendere il tutto incomprensibile.

Lo sfondo bianco può non piacere, e magari potremmo gradire uno sfondo di un altro colore, o anche con due colori sfumati; questa soluzione rimane elegante senza andare a distrarre. Il rischio che si corre, però, è legato ancora una volta alla luminosità dell'aula. In condizioni perfette va bene qualunque colore (a patto che sia ben in contrasto con il testo e con le immagini), preferibilmente chiaro. Personalmente, sono un amante dello sfondo che sfuma dal nero al blu scuro, ma purtroppo nella pratica dobbiamo tenere conto delle condizioni sfavorevoli, ragion per cui alla fine opto per uno sfondo tendenzialmente chiaro.

Torniamo ai colori dell'immagine: riprendiamo l'esempio della potenza e supponiamo di dover spiegare, con l'automobile sportiva e la macchina agricola come immagini-chiave, che per risolvere un dato problema conviene un "atteggiamento da automobile sportiva". Un modo vincente per spiegare la cosa è mostrare le due immagini, nitide allo stesso modo, con gli stessi colori intensi, per poi sfocare e ridurre i colori all'immagine del trattore. In questo modo sarà evidente (sempre attraverso un canale intuitivo e quindi automatico) che l'auto sportiva (o, meglio, il concetto legato a essa) è da preferire al trattore.

Anche le dimensioni hanno un ruolo molto importante in termini comunicativi. Ovviamente tutte le immagini devono essere grandi abbastanza da far sì che il pubblico possa vederle bene e capire cosa rappresentano. Ma le dimensioni hanno anche un'altra funzione, simile a quella dei colori. Ipotizziamo di voler comunicare che in Italia, nel mondo del lavoro, c'è uno squilibrio fra le assunzioni di uomini e quelle di donne, cosa che non avviene nel resto d'Europa. Per comunicarlo, mostreremo in una diapositiva la situazione media europea, con un'immagine che rappresenta un gruppo di uomini e un'altra che rappresenta un gruppo di donne. Entrambe le immagini avranno dimensioni analoghe, perché la quantità di assunzioni di uomini e donne è analoga. In una seconda diapositiva mostreremo la situazione italiana, dove l'immagine degli uomini sarà più grande rispetto a quella delle donne. Sta a te decidere, in base al discorso, se è bene usare due diapositive o mettere tutto in una diapositiva sola. Il concetto importante è che si può dare alle dimensioni dell'immagine un valore comunicativo, e ciò facilita enormemente la comprensione.

Facciamo infine un commento sulla comprensibilità delle immagini. Secondo te è meglio un'immagine che rappresenta solo il soggetto in questione (ad esempio l'auto sportiva) o è meglio un'immagine con il soggetto e altri dettagli (oltre all'auto il pilota, la pista sullo sfondo ecc.)? Ovviamente è meglio il primo esempio, in quanto non ci sono elementi che possono generare distrazioni o equivoci.

Io personalmente tendo a utilizzare soprattutto disegni a colori, invece delle fotografie, proprio per ovviare a questo problema. Anche qui, stiamo parlando di tendenze: se trovo una foto con la sola auto e un disegno con tanti dettagli insieme all'auto, ovviamente preferirò la foto. In linea di massima, però, i disegni riescono a essere più essenziali e, quindi, più comprensibili.

Riassumendo, i colori, le dimensioni e la comprensibilità delle immagini possono ricoprire nella comunicazione un ruolo importante che, se sfruttato nel modo giusto, facilita il pubblico nella comprensione.

SEGRETO n. 15: i colori, le dimensioni e la comprensibilità delle immagini possono ricoprire un ruolo importante nella comunicazione.

Parliamo ora delle animazioni, altro elemento importante per una presentazione vincente, ma altrettanto pericoloso. Le animazioni sono un'arma a doppio taglio perché, se da una parte sono utilissime, e talvolta fondamentali, per creare il canale intuitivo e automatico attraverso cui far passare i concetti che dobbiamo esprimere, dall'altra possono avere degli "effetti collaterali" di distrazione di una certa entità. Spesso si rischia di trasformare il pubblico da uditore attento e focalizzato a spettatore di uno spettacolo. Mi piace chiamare questo fenomeno la “sindrome del regista cinematografico”.

Per utilizzare le animazioni nel modo più corretto bisogna, ancora una volta, seguire i principi di essenzialità, completezza e chiarezza, il tutto sempre alla ricerca di un sistema grafico che permetta all’uditore di comprendere con più efficacia e più facilità.

Nei più importanti software in circolazione per creare presentazioni digitali sono disponibili le animazioni più disparate: da quelle dedicate al testo a quelle dedicate alle immagini, da quelle più sobrie e moderate a quelle più strane e fantasiose.

A riguardo bisogna aprire una lunga e importante parentesi, per analizzare ciò che sembrerebbe andare in contraddizione con tutto quanto detto finora: perché i software mettono a disposizione delle animazioni molto fantasiose e divertenti se in una presentazione vincente bisogna cercare la chiarezza? Non si rischia di distrarre l’uditore inserendo animazioni del genere? La risposta a queste obiezioni è molto semplice: dipende tutto dall'obiettivo. Per quanto strano possa sembrare, non sempre una presentazione ha lo scopo di spiegare dei concetti; talvolta deve fare altro, come sto per farti capire.

Per spiegarti questo concetto, voglio raccontarti alcuni aneddoti personali. A me piace, durante le feste, mandare una cartolina d'auguri alle persone che mi sono care, perché sono dell'idea che un pensiero valga più di mille regali banali, magari fatti di forza. E allora mi sono detto che un semplice file di una presentazione digitale, colorato, divertente, animato, con foto e belle frasi e dedicato alla singola persona potrebbe essere un pensiero molto affettuoso visto che si tratta di una mia creazione rivolta esclusivamente a quella particolare persona. Mi diverto molto a creare queste cartoline, e spesso risultano gradite.

Non mi sento di definirle presentazioni digitali, perché non devo far passare alcun concetto, ma solo le mie emozioni e i miei sentimenti. E in questo caso sì, i colori, lo sfondo, le immagini e le animazioni hanno tutt'altra funzione rispetto a quanto detto finora, e risulta più efficace creare qualcosa di emozionante, tralasciando quasi completamente il messaggio oggettivo (che spesso nemmeno esiste). Qui ho bisogno di tirare fuori il regista cinematografico che è in me.

In questo corso noi affrontiamo il tema della presentazione vincente in termini di concetti, ma è chiaro che, se si tratta di presentare emozioni, allora i criteri cambiano: non dovremo più essere essenziali, completi e chiari, ma l'esatto opposto e cioè ampi, vaghi ed emozionanti. Questo vale pure se, ad esempio, vogliamo presentare un prodotto a un cliente e non puntiamo tanto sul prodotto in sé, ma piuttosto sull'emozione che vogliamo risvegliare nel cliente stesso. Ma questa, più che una presentazione del prodotto, è una pubblicità. Ecco perché non approfondirò ulteriormente l'argomento.

Chiusa questa importante e doverosa parentesi, passiamo a capire come utilizzare le animazioni per rendere il messaggio più diretto. Le animazioni si dividono in tre gruppi principali: animazioni di entrata, animazioni di enfasi, animazioni di uscita.

Andiamo a vedere alcuni esempi di come questi gruppi di animazioni possono essere utili per un maggior chiarimento.

Partiamo dalla situazione più semplice: la diapositiva composta da un elenco puntato di parole-chiave. Se la slide presenta subito tutto l'elenco puntato, l'uditore potrebbe avere qualche difficoltà a seguire il filo del discorso; viceversa, se nell'elenco compare una voce per volta sarà più semplice seguire il filo. Ecco un modo per utilizzare le animazioni di entrata per rendere più comprensibile il discorso. Se, inoltre, utilizzassimo delle animazioni di enfasi per sbiadire e rimpicciolire le scritte delle voci di cui abbiamo già trattato, l'uditore sarà ancora più facilmente focalizzato.

Avevamo visto l'esempio del docente di biologia che spiega la cellula ai suoi studenti in cui avevamo ipotizzato che usasse una diapositiva dove, inizialmente, c'è la sola immagine della membrana, poi appaiono il citoplasma, gli organuli e, infine, il nucleo. In questa slide, quando appaiono i nuovi elementi che costituiscono la cellula, abbiamo delle animazioni di entrata. Il fatto che appaiano uno dopo l'altro rende più semplice capire dove spostare l'attenzione piuttosto che avere a disposizione tutto il disegno dell'intera cellula.

Attraverso le animazioni di enfasi, questa diapositiva può diventare maggiormente efficace: all'inizio si vede il disegno della sola membrana e, dopo che il docente ha finito di spiegarla nei suoi dettagli, appare l'elemento successivo, il citoplasma. Si potrebbe aggiungere un'ulteriore animazione, contemporanea all'entrata del citoplasma, facendo passare la membrana di cui ha parlato in precedenza dai colori al bianco e nero. In questo modo è molto più semplice spostare l'attenzione del pubblico sul citoplasma, senza togliere però la possibilità di guardare nuovamente la membrana qualora qualcuno avesse bisogno di "ripassare".

Ti propongo un esempio per capire in che modo possono essere utili le animazioni. Immagina di voler spiegare l'evoluzione dei più importanti mezzi di trasporto nella storia dell'aviazione. Inizierai presentando un'immagine del famoso aeroplano dei fratelli Wright. Negli anni l'aeroplano si è evoluto fino ad arrivare agli attuali aerei intercontinentali. Ormai hai già chiara in mente una possibile diapositiva: da sinistra a destra le immagini dei più importanti passi avanti fatti nella storia dell'aeroplano, utilizzando le animazioni di entrata e di enfasi per mostrare i modelli nella loro successione, andando a togliere colore e riducendo di dimensione le immagini dei modelli precedenti.

E non solo, arrivato a un certo punto storico, introdurrai l'immagine di un dirigibile. Per spiegare che i tanti incidenti hanno fatto sì che si optasse per non affidarsi più a un simile mezzo di trasporto potresti inserire un'animazione di uscita: vedere spazzar via l'immagine di un dirigibile farà capire immediatamente al pubblico che quell'elemento è stato eliminato. Ovviamente questa non è l'unica soluzione: potresti tracciarci sopra una croce rossa (animazione di enfasi). Questo esempio serve per mostrarti come utilizzare le animazioni di uscita.

Le animazioni di entrata, quindi, hanno lo scopo di presentare la slide "un pezzo alla volta", così da aiutare l'uditore a focalizzarsi su quel particolare, senza dargli subito tutti gli elementi che sono sì importanti, ma che in quel momento sarebbero di distrazione; gli stessi elementi li inseriremo dopo, utilizzando appunto un'animazione di entrata.

Le animazioni di enfasi, invece, hanno lo scopo di porre l'accento su questo o quell'elemento della diapositiva, ovvero di togliere l'attenzione. Per dare più o meno rilevanza agli elementi si gioca con le caratteristiche principali che li compongono come i colori, le dimensioni, la posizione ecc.

Infine, le animazioni di uscita hanno lo scopo di "pulire" la diapositiva da elementi che, una volta presentati, non devono più essere presi in considerazione, nonché enfatizzare l'azione stessa di toglierli.

SEGRETO n. 16: le animazioni di entrata presentano un elemento alla volta, quelle di enfasi spostano l'attenzione, quelle di uscita puliscono e accentuano l'eliminazione.

Passiamo a un ultimo strumento: il video. I video sono uno strumento molto potente che, molto più dell'immagine, è in grado di rendere l'idea del concetto da esprimere. Anche in questo caso, ovviamente, il video deve avere funzione esplicativa, e non coreografica. Non serve neanche più che ti spieghi il perché.

Immagina di dover presentare due diversi gruppi musicali che interpretano lo stesso brano e di voler commentare le loro prestazioni. In questa situazione il video è lo strumento ideale perché mostra i due gruppi, sia in termini di musicalità sia in termini di scenografia, durante il concerto. Un breve video per ogni gruppo dà tutte le informazioni necessarie per i commenti successivi.

Un altro caso in cui il video ci viene incontro è per presentare una particolare situazione che è stata filmata. Se devi, ad esempio, presentare un personaggio politico, risulta molto efficace inserire un video che mostra i suoi interventi più importanti, quelli che delineano la linea filosofica su cui promette di basare la propria attività politica. Dopo questo video andremo avanti dando la nostra opinione a riguardo.

Da appassionato allenatore di pallavolo mi capita, a volte, di voler passare dei concetti importanti ai miei giocatori, come la filosofia di squadra o di come gli alibi portino alla sconfitta. Ebbene, un video che mi piace suggerire è un intervento di Julio Velasco, allenatore della Nazionale italiana maschile di pallavolo negli anni '90, che ha vinto di tutto e di più. In quest'intervento

Velasco spiega in maniera molto chiara e simpatica i concetti che voglio passare ai miei giocatori. Io non riuscirei a essere altrettanto efficace con le mie parole, ecco perché mi affido a chi ha ben più esperienza di me!

Per concludere, i video che inseriremo nella nostra presentazione devono essere esplicativi, chiari, senza che occupino troppo tempo rispetto a quanto ne abbiamo a disposizione. Inoltre, al video deve seguire un nostro commento, una nostra spiegazione e le diapositive successive possono esserci molto utili per questo nostro intervento sul video.

SEGRETO n. 17: i video devono essere esplicativi, chiari e brevi; inoltre devono essere seguiti da un nostro intervento, anche con l'ausilio delle diapositive successive.

Esercizi

- *Utilizza i testi degli esercizi proposti nei capitoli precedenti. Dal progetto e dall'indice che avevi estrapolato, trova le parole-chiave del discorso, trova delle immagini-chiave per lo stesso concetto (trova le immagini più significative, con i giusti colori e le giuste dimensioni).*
- *Utilizzando gli elementi trovati nell'esercizio precedente, crea delle diapositive e utilizza delle animazioni di entrata, enfasi e uscita per facilitare la comprensione dei concetti.*

RIEPILOGO DEL CAPITOLO 3:

- SEGRETO n. 12: In una presentazione vincente si scrivono solo le parole-chiave, così da fissare nell'uditore un concetto e associarlo alla parola, utilizzando dei simboli per i collegamenti.
- SEGRETO n. 13: Le immagini sono il fulcro della presentazione; devono essere ben visibili, intuitive e associate a un concetto: immagini-chiave come le parole-chiave.
- SEGRETO n. 14: Per richiamare più volte un concetto associato a un'immagine-chiave, si deve ripresentare sempre la *stessa* immagine, mai una simile o addirittura completamente diversa.
- SEGRETO n. 15: I colori, le dimensioni e la comprensibilità delle immagini possono ricoprire un ruolo importante nella comunicazione.
- SEGRETO n. 16: Le animazioni di entrata presentano un elemento alla volta, quelle di enfasi spostano l'attenzione, quelle di uscita puliscono e accentuano l'eliminazione.
- SEGRETO n. 17: I video devono essere esplicativi, chiari e brevi; inoltre devono essere seguiti da un nostro intervento, anche con l'ausilio delle diapositive successive.

CAPITOLO 4:
Come concludere la presentazione

Vediamo ora quali sono gli aspetti importanti di cui tenere conto per chiudere il discorso in modo vincente: l'eventuale conclusione cui arriva il discorso e il riassumendo, oltre ai ringraziamenti (di cui abbiamo parlato all'inizio del corso).

SEGRETO n. 18: gli elementi importanti delle ultime diapositive sono la conclusione, il riassumendo e i ringraziamenti.

Ora che abbiamo esposto tutti i concetti fondamentali e che il pubblico li ha appresi, è importante giungere alla conclusione del discorso. Di solito questa è la parte più importante delle presentazioni di lavori che si prefiggono uno scopo, come una tesi di laurea o la relazione di un lavoro in ufficio: l'uditore vuole sapere cosa fare, in che modo il lavoro presentato lo spingerà a prendere una decisione. In generale, tutte le presentazioni che partono con un quesito devono terminare con la relativa risposta, e questa risposta deve essere semplice e chiara.

Torniamo all'esempio della mia tesi di laurea specialistica di cui ti ho parlato in precedenza: avevo iniziato ponendo il quesito su quale fosse la tecnica di servizio più efficace nella pallavolo di alto livello. Per far ciò, ho mostrato l'immagine di una bilancia, sui cui piatti ho posizionato le foto delle due tecniche analizzate. Ebbene, durante tutta la presentazione, ho mostrato il procedimento svolto e i dati ottenuti per capire come rispondere a quella domanda, quindi ho risposto al quesito, sempre facendo riferimento alla medesima bilancia.

Ovviamente se stiamo presentando un prodotto della nostra azienda a potenziali clienti la conclusione sarà che il nostro prodotto è il migliore. Questi sono solo un paio di esempi, ma se ne potrebbero fare tanti altri.

Diverso è il caso di presentazioni che non hanno un quesito all'inizio, ma sono solo esplicative. Abbiamo visto l'esempio della lezione di biologia, dove lo scopo è illustrare la cellula, o della lezione di storia, in cui ci si propone di spiegare le strategie di guerra dell'antica Roma. Queste presentazioni non necessitano di una vera e propria conclusione, bensì di un riordino delle idee, di un riassunto, in modo da fissare una volta per tutte le informazioni e i concetti acquisiti durante la presentazione.

SEGRETO n. 19: le presentazioni che pongono un quesito necessitano di una conclusione, mentre quelle esplicative solo di un riassumendo.

È importante sottolineare che la conclusione non sostituisce il riassunto, anzi, spesso le due cose vanno a braccetto. Ancora una volta riallacciamoci all'esempio della tesi di laurea. Abbiamo speso tutto il tempo a presentare i vari elementi analizzati per giungere a una risposta al quesito che abbiamo posto all'inizio della discussione. Riepilogare velocemente il tutto prima di dare la risposta aiuterà il pubblico a capire meglio quanto spiegato e, di conseguenza, a cogliere le motivazioni che ti hanno fatto giungere a quella conclusione.

Il riassumendo è un elemento importantissimo delle ultime

diapositive, forse il più importante in assoluto, per cui è bene soffermarci per capire come presentare una sintesi delle idee espresse durante la presentazione.

Poiché abbiamo fatto un buon lavoro nella parte iniziale e in quella centrale della presentazione, il pubblico è stato focalizzato fin dall'inizio, e per tutta la durata della presentazione, sugli argomenti che abbiamo proposto. Inoltre avremo una serie di parole-chiave e/o immagini-chiave, magari collegate agli eventuali video che abbiamo proposto. Avendo creato nel pubblico le opportune associazioni tra parola-chiave o immagine-chiave e il relativo concetto, sarà molto semplice richiamare in una o due diapositive (non di più, per un riassumendo efficace!) i vari concetti importanti: sarà sufficiente riproporre le medesime parole e le medesime immagini.

Ma riproporre solo i concetti importanti potrebbe non essere sufficiente per un riassumendo efficace. Questo perché, quando riepiloghiamo il tutto, potrebbe essere importante richiamare non solo i concetti, ma anche in che modo essi sono collegati. Per esempio, in una diapositiva potresti aver presentato un concetto, associandolo a una data immagine, in un'altra diapositiva un altro concetto, associandolo a un'altra immagine, per poi mostrarne una terza dove questi due concetti sono in sinergia per produrre una determinata conseguenza. In questo caso, nel riassumendo sarà utile inserire l'immagine della terza diapositiva (ridotta in piccolo, ovviamente) per richiamare l'attenzione sui entrambi i concetti e su come lavorano insieme. Questo espediente funziona a patto che i concetti siano espressi attraverso immagini-chiave e che la diapositiva sia ben chiara. Questo genere di lavoro propone, in un certo senso, delle diapositive-chiave.

SEGRETO n. 20: nel riassumendo bisogna richiamare i concetti importanti attraverso le parole-chiave e le immagini-chiave, ma può essere necessario replicare in piccolo le immagini delle diapositive salienti (diapositive-chiave).

Arrivati a questo punto, una volta presentati il riassumendo e la conclusione, il nostro lavoro è terminato e non dobbiamo fare altro che metterci a disposizione del pubblico per rispondere a eventuali domande. È questo il momento migliore per i ringraziamenti: anzitutto si ringrazia il pubblico per l'attenzione;

poi, se lo ritieni opportuno, puoi ringraziare alcune persone che ti hanno dato un aiuto particolare nella stesura del lavoro oppure puoi dedicare a una persona speciale il tuo lavoro. Il tutto dipende esclusivamente da te e dal contesto.

Io ho voluto dedicare la mia tesi di laurea triennale a un'amica e collega di studi morta poche settimane prima in un incidente stradale. La mia diapositiva di chiusura è stata molto semplice: «GRAZIE PER LA CORTESE ATTENZIONE. Ciao, cara amica mia...» A questo testo ho aggiunto una sua fotografia gentilmente offerta dal mio docente, responsabile del gruppo sportivo universitario dove lei militava. I ringraziamenti nella tesi di laurea specialistica invece sono stati diversi: oltre al pubblico per l'attenzione, ho ringraziato anche un collega che mi ha fornito i dati necessari per la stesura del mio lavoro.

SEGRETO n. 21: al termine della presentazione è ben accetta una diapositiva di ringraziamento al pubblico per l'attenzione in cui, se vogliamo, possiamo inserire una dedica o un ringraziamento particolare.

Esercizi

- *Prendi un testo che vuoi presentare o su cui vuoi esercitarti e scegli un capitolo (puoi anche usare questo stesso corso, come se volessi presentarlo). Sulla base di questo testo crea una breve presentazione utilizzando parole-chiave, immagini-chiave e slide-chiave. Infine, crea un riassumendo di una o due diapositive riproponendo questi elementi.*

RIEPILOGO DEL CAPITOLO 4:

- SEGRETO n. 18: Gli elementi importanti delle ultime diapositive sono le conclusioni, il riassumendo e i ringraziamenti.
- SEGRETO n. 19: Le presentazioni che pongono un quesito necessitano di una conclusione, mentre quelle esplicative solo di un riassumendo.
- SEGRETO n. 20: Nel riassumendo bisogna richiamare i concetti importanti attraverso le parole-chiave e le immagini-chiave, ma può essere necessario replicare in piccolo le diapositive salienti (diapositive-chiave).
- SEGRETO n. 21: Al termine della presentazione è ben accetta una diapositiva di ringraziamento al pubblico per l'attenzione in cui, se vogliamo, possiamo inserire una dedica o un ringraziamento particolare.

CAPITOLO 5:
Come scegliere il software più adatto

In quest'ultimo capitolo vedremo quale fra i software maggiormente diffusi sia il più adatto per la tua presentazione. Poiché si tratta di un capitolo dedicato alla sola illustrazione di programmi, non ho previsto alcun esercizio al termine della lettura.

La maggior parte dei programmi hanno tutti pressoché le stesse caratteristiche, presentando solo alcune piccole differenze; malgrado ci siano più software in circolazione, come vedrai la scelta è praticamente solo fra due di essi, proprio in virtù del fatto che molti si assomigliano. Vediamo in breve i principali e più diffusi programmi dedicati alle presentazioni.

Powerpoint è certamente il più noto, e di sicuro il più importante in ambiente Windows; questo programma si presta a qualunque tipo di presentazione. Powerpoint offre la possibilità di creare delle diapositive e di proiettarle in sequenza; in ogni diapositiva si possono inserire tutti gli elementi necessari per una presentazione (testi, immagini, video ecc.). Completo ed efficace, è di certo il programma leader attualmente in circolazione, adatto in pratica a qualunque genere di presentazione. Da un punto di vista tecnico il suo funzionamento è semplice e intuitivo.

Se il tuo sistema operativo è Linux, il software in questione è Impress, clone di Powerpoint. In ambiente Apple abbiamo Keynote, un altro clone, mentre su Android esiste Kingston Office. Da un punto di vista comunicativo, tutti questi software non presentano particolari differenze rispetto a Powerpoint. La vera differenza sta nel fatto che software come Keynote e Kingston Office sono disponibili anche nella versione per dispositivi mobili (iPhone e iPad, smartphone ecc.), il che è un bel vantaggio: se sei spesso in movimento e vuoi lavorare alle tue presentazioni sempre e dovunque, Keynote o Kingston possono essere buone soluzioni.

Tutti questi software sono analoghi, hanno tutti le stesse caratteristiche: danno la possibilità di creare, e quindi proiettare, una sequenza di diapositive su cui inserire gli elementi fondamentali che abbiamo visto in precedenza, nonché la possibilità di agire con essi attraverso le animazioni. Questi software sono l'evoluzione informatica degli antichi lucidi che venivano utilizzati prima della diffusione dei computer.

SEGRETO n. 22: i maggiori software per i vari sistemi operativi sono Powerpoint, Impress, Keynote e Kingston Office; tutti questi software sono l'evoluzione informatica dei lucidi.

Mi permetto di aprire una breve parentesi. Purtroppo mi è capitato di assistere a lezioni universitarie presentate attraverso i lucidi. Non è passato così tanto tempo da quando frequentavo l'università, e ti posso assicurare che le presentazioni digitali erano già più che affermate. Oggi, nella migliore delle ipotesi, una presentazione eseguita con questo strumento fa tenerezza, quindi ti prego, se sei rimasto indietro, aggiornati! Spero di non vedere mai più lucidi proiettati, se non in musei della scienza e della tecnica. Chiusa questa parentesi, torniamo a parlare di software, perché ne manca ancora uno molto importante.

Rispetto ai programmi che abbiamo visto finora, quando si parla di Prezi, cambia tutto. Con questo software si può lavorare solo online, e ha caratteristiche comunicative molto diverse rispetto a quelle illustrate in precedenza. Prezi propone un concetto che nulla ha a che fare con la sequenza di diapositive: qui abbiamo un unico spazio molto grande su cui muoverci.

È come avere un enorme cartellone su cui spostare e ruotare l'inquadratura, zoomare avanti e indietro ecc. Prezi si basa molto sull'illustrare il concetto in generale, scendere di livello per approfondire i dettagli, per poi tornare nuovamente al generale e così via. Come puoi facilmente capire, questo programma offre possibilità ben diverse rispetto agli altri programmi.

SEGRETO n. 23: rispetto agli altri, Prezi è un software che ha un concetto di presentazione molto diverso, che prevede un unico spazio ampio su cui giocare con l'inquadratura.

Progettare una presentazione con Prezi richiede molta attenzione, in quanto questo "giocare" con lo zoom, salire e scendere dal generale al particolare e viceversa potrebbe rendere il tutto difficile da seguire. Inoltre è facile farsi contagiare dalla sindrome del regista cinematografico, dato che si tratta di presentazioni molto scenografiche. Un consiglio: evita di creare molti sottolivelli (non più di 2-3) e torna spesso al discorso in generale, così da riorganizzare le idee e, attraverso le tue parole, riepilogare quanto detto.

Malgrado Prezi si presti molto a presentazioni "emozionanti", se utilizzato con maestria e consapevolezza possiamo sfruttare le sue possibilità per creare una presentazione molto più efficace rispetto a quelle create con gli altri software illustrati in precedenza. Naturalmente se il discorso si presta più a una presentazione di questo tipo, ma questo concetto lo approfondiremo più avanti.

Il poter operare solo online presenta dei pro e dei contro. È un programma che non necessità di essere installato, né ti richiede di salvare il file della presentazione sul tuo hard-disk, poiché tutto rimane online. Ciò vuol dire che potrai sempre lavorare, modificare e illustrare la tua presentazione ovunque ti trovi, su qualsiasi computer, con qualsiasi sistema operativo, senza che ci siano problemi di formattazione, compatibilità ecc., né avrai bisogno di portare il file sempre con te. L'unica vera condizione è che il computer su cui lavori deve avere una connessione Internet.

Purtroppo Prezi consente di utilizzare solo presentazioni con temi predefiniti, quindi, ad esempio, non puoi personalizzare lo sfondo, il colore e la dimensione del carattere dei testi. Questo ti vincola un po' da un punto di vista grafico, ma può essere anche considerato un vantaggio, soprattutto se sei all'inizio e hai poca dimestichezza con le presentazioni.

SEGRETO n. 24: Prezi si presta a presentazioni "emozionanti" ma, usandolo con maestria ed evitando la sindrome del regista cinematografico, consente di creare presentazioni più efficaci rispetto agli altri software.

Bene, abbiamo terminato la panoramica sui programmi più diffusi e abbiamo visto che la vera differenza sta fra Powerpoint e Prezi. Gli altri programmi sono cloni di Powerpoint, per cui li raggrupperemo tutti insieme. Ora dobbiamo capire se il lavoro che dobbiamo presentare è più adatto a essere illustrato con Powerpoint o con Prezi.

Ancora una volta, per capire come scegliere, facciamo riferimento ad alcuni esempi. Il docente di biologia che deve spiegare la cellula alla sua classe potrebbe utilizzare una sequenza di diapositive dove spiega, settorialmente, ogni componente da analizzare. Nel caso in cui ritenesse opportuna questa strategia comunicativa, ovviamente ricorrerà a Powerpoint.

Se invece optasse per un approccio olistico, dove la cellula viene mostrata nel suo insieme, per poi scendere nei dettagli di ogni singolo componente, allora Prezi fa al caso suo. Avere a disposizione l'immagine di una cellula, con tutti i suoi componenti, e navigarci spostando l'attenzione su questo o quell'elemento, per poi ritornare a una visione complessiva, renderebbe di certo la lezione molto dinamica. Inoltre darebbe molto risalto alla visione d'insieme e a come ogni parte collabora per far funzionare il tutto. Quale di questi due approcci è il migliore? Dipende dall'obiettivo della lezione, dalla capacità del pubblico di seguire, di concentrarsi; dipende dalla disponibilità di una connessione Internet nell'aula (problema banale, ma è importante prenderlo in considerazione se si vuole utilizzare Prezi).

Un altro esempio è quello della tesi di laurea. Di solito questo tipo di lavori ha una struttura standard molto lineare, soprattutto se la materia in questione è scientifica. Si parte dal quesito a cui si vuole rispondere, dai presupposti da cui si parte e poi si illustra passo dopo passo il processo che porta alla conclusione. Il messaggio da trasmettere è prettamente concettuale (lo studente non deve impressionare nessuno!), la platea è composta da docenti, probabilmente abituati a una concezione lineare della spiegazione. In una situazione del genere è certamente consigliato Powerpoint, e le ragioni sono ovvie.

Ultimo esempio: dobbiamo illustrare lo sbarco alleato nella Normandia occupata dai nazisti nell'estate del 1944. Nella notte antecedente il D-Day paracadutisti Alleati si lanciarono in varie zone dietro il fronte; alcuni si persero, altri furono subito annientati. In alcune zone, gli inglesi paracadutarono dei pupazzi per ingannare il nemico. Al mattino gli Alleati sbarcarono su ben cinque spiagge diverse. In alcune i tedeschi non riuscirono a respingere l'attacco, per cui gli Alleati si inoltrarono nell'entroterra con facilità, mentre, a Omaha Beach, gli americani sono rimasti inchiodati per diverse ore, subendo gravi perdite.

In questa situazione, l'argomento è molto complesso, non si sviluppa in forma lineare, per cui esprimerlo con Powerpoint può risultare complicato. È vero che siamo bravi a ideare un indice che ci guida, che sappiamo creare un modello grafico in grado di agevolare l'uditore a comprendere anche gli argomenti più complessi ma, in una situazione simile, Prezi è più adatto.

Grazie alla possibilità di spostarci, approfondire, tornare indietro e ritornare al generale, Prezi è eccellente per esprimere un simile concetto. Il problema di queste situazioni complicate è che, proprio in quanto tali, con la nostra presentazione rischiamo di rendere tutto ancora più confuso anziché semplificare e chiarire l'argomento. Con Prezi, ancora più che con Powerpoint, dobbiamo prestare attenzione ai principi di essenzialità, completezza e chiarezza.

Ancora una volta ho volutamente tralasciato le presentazioni non esplicative: se devi pubblicizzare una vacanza, ad esempio, poiché ti serve creare una presentazione incentrata più sulle emozioni che non sulle informazioni, Prezi risulta molto utile: le sue caratteristiche, infatti, si prestano particolarmente a creare qualcosa di "bello", volendo anche fumoso, così da generare nel cliente le emozioni che vogliamo, senza farlo perdere in tutti quei dettagli che sono controproducenti per la vendita.

In sintesi possiamo dire che non c'è un programma da preferire in assoluto: come ti ho mostrato, esistono situazioni in cui è più efficace questo o quel tipo di programma e perfino situazioni in cui si possono utilizzare entrambi. La cosa importante è avere ben chiari l'obiettivo, il tipo di lavoro da presentare e le possibilità che offre ciascun software, così da poter scegliere con cognizione di causa. Nelle situazioni in cui si possono scegliere entrambi i software, devi decidere lo stile da adottare, non c'è una regola. Come hai visto nell'esempio che ti ho riportato, entrambe le scelte sarebbero state corrette, ma avrebbero portato a diverse interpretazioni dello stesso argomento. Sta a te scegliere quella che preferisci sulla base delle tue conoscenze sull'argomento da presentare.

SEGRETO n. 25: la scelta del software deriva dall'obiettivo della presentazione, dal tipo di lavoro e dalle opportunità che offre ogni programma.

RIEPILOGO DEL CAPITOLO 5:

- SEGRETO n. 22: I maggiori software per i vari sistemi operativi sono Powerpoint, Impress, Keynote e Kingston Office; tutti questi software sono l'evoluzione informatica dei lucidi.
- SEGRETO n. 23: Rispetto agli altri, Prezi è un software che ha un concetto di presentazione molto diverso, che prevede un unico spazio ampio su cui giocare con l'inquadratura.
- SEGRETO n. 24: Prezi si presta a presentazioni "emozionanti" ma, se usato con maestria ed evitando la sindrome del regista cinematografico, consente di creare presentazioni più efficaci rispetto agli altri software.
- SEGRETO n. 25: La scelta del software deriva dall'obiettivo della presentazione, dal tipo di lavoro e dalle opportunità che offre ogni programma.

Conclusione

Bene, hai terminato la lettura di questo semplice corso. Mi auguro di averti fornito delle valide competenze per poter creare una presentazione vincente: abbiamo visto l'importanza di questo strumento di comunicazione, come si può focalizzare il pubblico sin dal titolo, quali sono gli elementi importanti da inserire nel corpo della presentazione e che caratteristiche devono avere e, infine, abbiamo visto come concludere il nostro lavoro. Abbiamo inoltre portato alcuni esempi su come mettere in pratica il tutto, nonché evidenziato alcuni errori gravi e, ahimè, diffusi. Sono certo che d'ora in avanti le tue presentazioni saranno più precise e accurate, ma soprattutto vincenti.

Chiudo questo mio piccolo lavoro dandoti alcuni consigli pratici. Per prima cosa sappi che devi esercitarti, perché non puoi imparare senza mettere in pratica quanto hai letto. Roma non è stata costruita in un giorno! Inizia a guardare le presentazioni altrui con un occhio critico, andando a vedere cosa cambieresti alla luce di quanto appreso in questo corso. Riguarda anche le tue vecchie presentazioni e cerca di trovare degli elementi da migliorare.

Infine sperimenta queste nuove conoscenze creando qualcosa di completamente nuovo. Vedrai che sarà divertente dare spago alla tua creatività per cercare soluzioni nuove, soprattutto grafiche, per rendere bene l'idea dei concetti da esprimere.

Personalmente ho iniziato giocando: le mie prime presentazioni non dovevano spiegare niente a nessuno; il mio intento era semplicemente quello di divertirmi e il divertimento consisteva proprio nel trovare le soluzioni grafiche più fantasiose ed efficaci. Questo lo facevo sia per imparare a utilizzare il software da un punto di vista tecnico, sia per trovare sempre nuove strategie comunicative.

Ricorda sempre che, quando sei sul palco, *il protagonista sei tu* e non le slide che proietterai. In questa sede non ho trattato l'atteggiamento, il tono di voce, la posizione sul palco e la postura che devi avere. Anche quelle sono cose importanti, ma in questo corso ci tengo a darti i segreti per la presentazione, che potrebbe ridurre di molto l'efficacia delle tue capacità di oratore.

Che dire, imparare a fare una presentazione vincente è stato molto divertente, ecco perché non mi rimane che augurarti buon lavoro, ma, soprattutto, buon divertimento!

Stefano Papari

www.ingramcontent.com/pod-product-compliance
Ingram Content Group UK Ltd.
Pitfield, Milton Keynes, MK11 3LW, UK
UKHW022013190726
13853UKWH00005B/1905